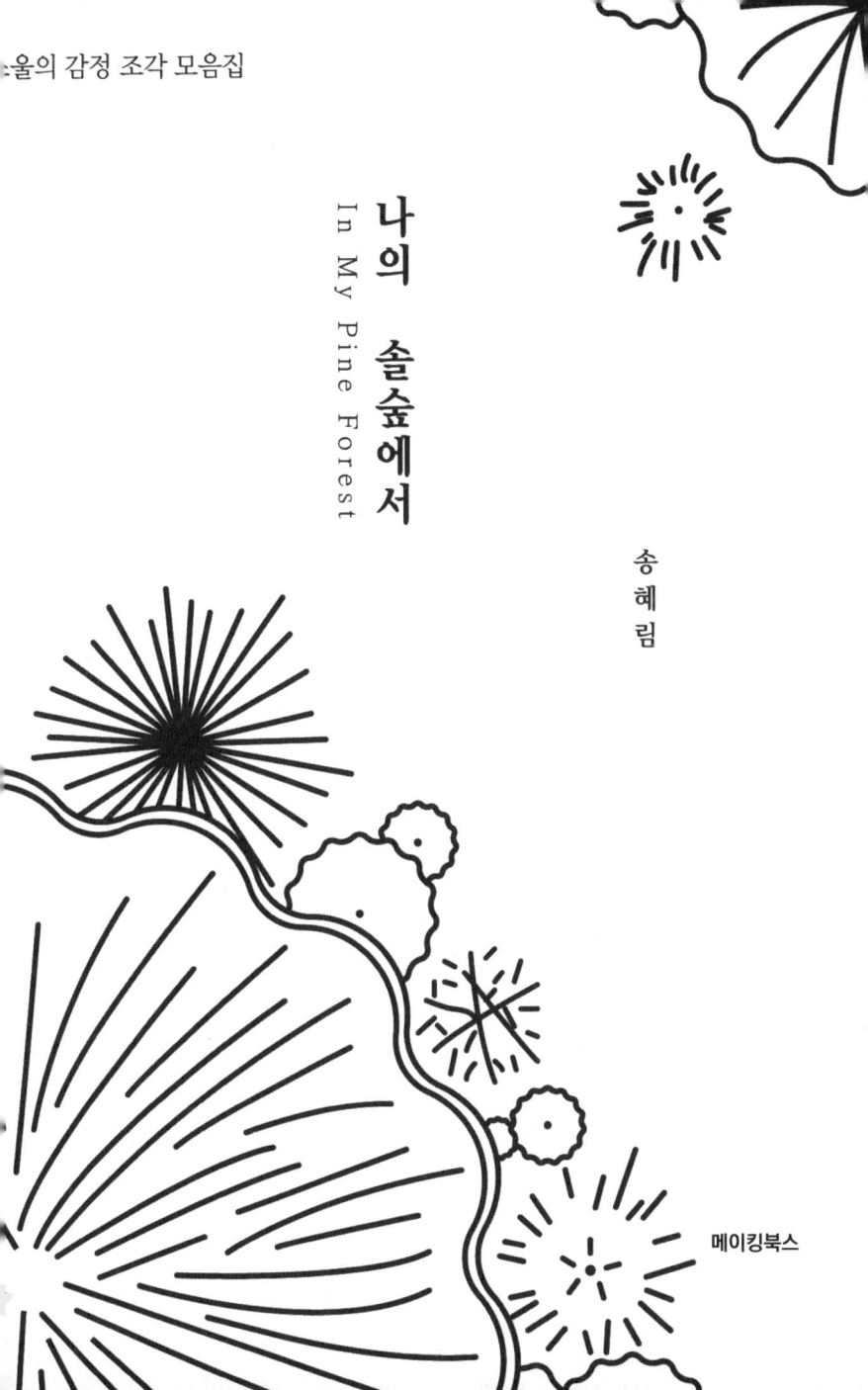

가을의 감정 조각 모음집

나의 솔숲에서
In My Pine Forest

송혜림

메이킹북스

나의 솔숲에서

초판 1쇄 발행 2025년 1월 26일

지은이 송혜림
펴낸이 장현수
펴낸곳 메이킹북스
출판등록 제 2019-000010호

디자인 윤목화
편집 윤목화
교정 강인영
마케팅 김소형
표지 디자인 송혜림

주소 서울특별시 구로구 경인로 661, 핀포인트타워 912-914호
전화 02-2135-5086
팩스 02-2135-5087
이메일 making_books@naver.com
홈페이지 www.makingbooks.co.kr

ISBN 979-11-6791-662-4(03810)
값 16,800원

ⓒ 송혜림 2025 Printed in Korea

잘못된 책은 구입하신 곳에서 바꾸어 드립니다.
이 책의 전부 또는 일부 내용을 재사용하려면 사전에 저작권자와 펴낸곳의 동의를 받아야 합니다.

홈페이지 바로가기

메이킹북스는 저자님의 소중한 투고 원고를 기다립니다.
출간에 대한 관심이 있으신 분은 making_books@naver.com으로 보내 주세요.

나의 솔숲에서

조울의 감정 조각 모음집
양극성 장애 1형 치유기

나의 조울 감정 조각 글들이,
그대들에게 공감과 위로가 되길 바라며.

나의 안정제,
소중한 가족과 수민에게 이 글을 바칩니다.

우리는 모두 조와 울을 가지고 있다.

나는,

나의 조와 울에게 특별함을 주기로 했다.

특별히 아껴주고 보살펴주기로 한 것이다.

나는,

조와 울 사이에서 롤러코스터를 타기도 한다.

무섭고 힘이 들지만 가끔 재미있기도 하다.

너는,

당신이 가지고 있는 조와 울은 어떠한가.

내버려두고 방치하고 있지는 않은가.

나의,

조울 감정 조각들을 그리며

언젠가 완전체가 될 수 있도록.

목차

저자 소개	⋯13
나의 조울 증상들	⋯19
국립공주병원 정신 병동에서	⋯35
감정 조각들	⋯43
* 회피	⋯44
* 날카로운 물건이 없는 삶	⋯44
* 그럼에도 불구하고	⋯45
* 외로운 곡예	⋯47
* 불안 주머니 속엔	⋯47
* 일요일 출근길	⋯48
* 별	⋯48
* 흘러간다	⋯49
* 선물 같은 하루들	⋯51
* 회복	⋯53
* 솔직하지 못한 사람	⋯54
* 양말	⋯55
* 응급실	⋯56
* 뇌전기 활동도 검사와 숏컷	⋯57
* 지난 추억들	⋯58

* 단면적 시각 ⋯58
* 구름 ⋯59
* 잠 ⋯59
* 피어나 ⋯60
* 도전 ⋯60
* 시냇물 ⋯61
* 깊게 들여다보기 ⋯61
* 후회 ⋯62
* 체리 콩포트 ⋯63
* 신맛 젤리 ⋯63
* 후토마키 ⋯64
* 무관심 ⋯64
* 시절 인연 ⋯65
* 봄 ⋯65
* 안녕의 순간들 ⋯66
* 중간의 색 파란색 ⋯66
* 감동 ⋯67
* 쓰레기 ⋯67
* 불안 ⋯68

* 1+1 ⋯69
* 부암동 ⋯69
* 인생 그림 ⋯70
* LIT 750 , A-005 2 ⋯70
* 조립 ⋯72
* 턴테이블과 엘피 ⋯72
* 평온 ⋯73
* 약속 ⋯73
* 제주 ⋯74
* 단단한 사람이 되고 싶었다 ⋯75
* 경조증 ⋯76
* 19910430 ⋯77
* 같이 고민해 봅시다 ⋯78
* 계절 ⋯79
* 무제 1 ⋯80
* 무제 2 ⋯80
* 감정의 롤러코스터 ⋯81
* 평평 ⋯82
* 지는 마음 ⋯83

* 진관사	···83
* 위기와 기회	···85
* 안시리움과 케이크	···86
* 심리 상담소	···89
* 술 취한 아저씨와 스몰토크	···91
* 독서 모임	···93
* 같이고민해봅시다	···96
* 오랜만의 만남	···99
* 기침	···103
* 구찌와 나나	···104
* 택시 기사	···107
* 꽃집	···110
명심	···115
* 명심(銘心)	···116
편지와 메시지	···119
* 아빠에게	···121
* 파도	···128
소중한	···131
글을 마치며	···135

저자 소개

송혜림,

송림이라고도 불리며 솔숲이라고도 부른다.

이름에 나무가 많아서 그런지 소나무를 좋아한다.
소나무가 울창한 숲도 좋아한다. 그곳에 가면 치유되는 느낌이 들기 때문에.

어렸을 때부터 인사성이 밝았으며, 관심받기를 좋아하였다.
그래서 개다리 춤을 장기자랑으로 자주 추고는 했다.

외향적이고 밝은 성격이었지만 다양한 트라우마 등으로 인해 우울한 성향이 생겼다.

그나마 다행인 건 하고 싶은 것을 지원해 주는 부모님 덕분에 중학교 3학년 때부터 좋아하던 미술 공부를 시작할 수 있었다.

멋진 화가가 되고 싶었으나 취업을 위해 시각디자인학과에 입학, 디자인을 배우고 졸업했다.

항상 하고 싶은 것이 많고 늘 추진력 있게 행동하였다.

음악과 전시 공연 등을 좋아하며, 한때는 록 밴드들과 록 페스티벌에 빠져 지내기도 했다.

집에 혼자 있는 것을 좋아하지만, 심심해한다.

시집과 산문집을 좋아한다.

꽃을 좋아하며, 항상 꽃이 되어 피어나고 싶어 한다.

현재 양극성 장애 1형(조울증)과 함께한 지 8년 차다.

나의 조울 증상들

~2016

평소에도 예민한 기질을 가졌다.

늘 충동적이고 불안한 감정과 함께했다.

스트레스를 받으면 밥도 거르고 잠을 자고 씻지 못했다.

그렇게 한 달, 두 달 후 시간이 지나면 일상으로 돌아오곤 했다.

반려견 나나의 죽음 후, 충격과 스트레스를 받아 체중이 매우 줄었다.

2017

여름, 퇴사를 했다. 1년을 채우는 날이었다.

가진 돈을 털어 성형 수술을 했다.

회복을 핑계로 집에서 잠만 잤다.

초가을부터 점점 조증이 시작되었다.

막 우울을 끝낸 무렵이었다.

난 그저 계절을 많이 타는 사람인 줄 알았다.

점점 말이 많아지고 빨라졌다.

예술적인 아이디어도 샘솟았다.

미래에는 희망이 가득했다.

잠을 자는 시간이 줄고 식사를 거르기 시작했다.

어떤 사건을 계기로 불안 증세가 나타났다.

울음과 불안함을 멈출 수 없었다.

관계 망상이 시작됐다.

공황 증세와 과호흡으로 119를 불렀다.

난생처음 정신과가 있는 대학 병원 응급실에 갔다.

이후 안정제를 복용했다.

난 내가 공황 장애와 불안 장애인 줄 알았다.

약을 먹어도 잠만 쏟아질 뿐 차도가 없었다.

나의 증상은 더욱더 심해졌다.

나는 거대한 망상에 빠져 버렸다.

걷잡을 수 없는 망상과 폭력성이 드러났다.

나의 감정은 널뛰었다.

국립공주병원에 가서 진료를 받았다.
양극성 장애 1형이라고 했다.
그게 뭐지? 관심 없다.
다들 나를 속이고 내가 영화 속에 있다고 생각했다.
그때 난 망상 속에서 살았다.

겨울, 국립공주병원에 자의 입원을 했다.
폐쇄 병동과 일반 병동을 거쳐 40일 뒤에 퇴원했다.

그렇게 2017년이 지났다.

2018

겨울, 퇴원하고 한 달 뒤 새로운 일을 시작했다.

봄, 배우고 싶은 게 많아졌다.

꽃과 금속 공예 등 원데이 클래스를 찾아 듣게 됐다.

여름, 모임에 가입했다.

책을 많이 읽었다.

친구들과 연락을 자주 했다.

병이 다 나은 줄 알았다.

난 원래 활동적인 사람인 줄 알았다.

관계에 집착하기 시작했다.

외로웠다.

외로우면 사람들을 만났다.

술도 자주 마셨다.

가을, 자격증을 취득하기 위해 주말마다 새벽에 일어나 서울로 올라가 열심히 수업을 들었다.

겨울, 남자친구가 생겼다.

자격증 실습 핑계로 서울로 이사를 가야겠다고 생각했다.
그래도 나름 새로운 도전을 하며 바쁘게 지냈었다.

그렇게 또 일 년이 지났다.

2019
겨울, 퇴사를 했다.
서울로 이사를 왔다.
일을 구하지 못했지만 무작정 와 버렸다.

봄, 셰어하우스에서 거주했다.
구직을 하며 자격증 공부를 했다.
행복했다.

내가 서울에 와 있다니.
새로운 사람들을 많이 만났다.
그러다가 운 좋게 아르바이트를 구했다.
거기서 수민을 만났다.

가을, 드디어 자격증을 취득하였다.
수민의 권유로, 아르바이트에서 도급직 직원으로 입사했다.
인생에서 좋은 사람들을 많이 만났다.

술을 많이 마셨다.
새로 사귄 친구들과 교류가 잦았다.
즐거웠지만 그 속에서 조금은 외로웠다.
요가를 시작했다.
만나던 친구와 헤어지고 다른 친구를 사귀었다.

겨울, 공원이 있는 동네의 작은 원룸으로 이사를 했다.

2020

겨울, 직장을 다니며 꽤나 안정적인 생활을 했다.
새로 만나던 친구와 얼마 지나지 않아 또 헤어졌다.

봄, 불안이 찾아왔다.
자살 충동이 심하게 들었다.

수민은 우리 집에 있는 날카로운 물건들을 모두 가져갔다. 그리고 수건걸이마저 떼어갔다.

어느 날.
불이 나는 무서운 꿈을 꾸고 응급실에 갔다.
좋은 사람들이 곁에 있어 큰일은 일어나지 않았다.
심전도 검사와 안정제를 맞고 집에 왔다.

어느 날
자살 방지 센터에 전화를 하고 또 응급실에 갔다.
그래서 집 근처 대학 병원으로 전원을 했다.
대학 병원 교수에게 감정 일기 쓰기를 권유받다.
월요일마다 자살 방지 센터에서 전화로 안부와 상담을 받았다.
턴테이블을 샀다. LP를 모으는 새로운 취미가 생겼다.
하루 종일 걷고 읽고 듣는다.

담배는 하루에 딱 한 대만 태웠다.
그게 퇴근 후 유일한 낙이었다.

다니던 기업의 자회사 직원이 되었다.
하지만 현실에 안주하지 않고, 새로운 도전을 해야겠다고 생각했다.

가을, 다니던 회사 본사 직원으로 재취업했다.
대전으로 발령받아 내려갈 준비를 했다.
또다시 이사와 환경의 변화가 시작되었다.

대전으로 이사를 했다.
일과 관련된 전문적인 공부를 해야겠다고 생각했다.
학원을 등록하고 새 노트북을 샀다.
실내 건축 기사 자격증 준비를 했다.
담배를 많이 피고 술을 많이 마셨다.

겨울, 우울이 찾아왔다.
학원도 자격증 시험도 그만두었다.
몸이 힘들다.
아침에 일어나기 힘들고 간단히 씻는 것조차 힘들어진다.
일에 집중이 되지 않는다.

2021

봄, 퇴사를 하다.

퇴사 전에 받았던 직장인 대출로 공예 공방을 차렸다.

기분이 들뜨고 아이디어가 샘솟는다.

술을 많이 마시고 불규칙적인 생활로 체중이 늘었다.

연락과 관계에 집착하다.

여름, 또 성형 수술을 하다.

지출이 늘었다. 엄청난 과소비를 하게 되었다.

술을 엄청나게 많이 마셨다.

가을, 우울이 왔다.

겨울, 몸이 너무 피곤했다.

2022

겨울, 예전부터 좋아해서, 다시 만났던 친구와 헤어졌다.
갑상선 기능에 이상이 생겼다.
처방약에서 리튬을 뺐다.
아빌리파이 용량을 늘렸다.

봄, 새로운 곳에 취업을 했다.
좋은 사람들을 많이 만났다.
일도 적성에 맞았다.
오래 일하고 싶었다.
일을 하며 보람을 느꼈다.
공방을 정리했다.

친구 동생들과 자주 만나 술을 많이 마셨다.
좋아하는 사람이 생겼다. 집착했다.

PT를 시작했다.
여행을 자주 갔다.
여름, 적은 월급은 아니었지만 과소비는 줄지 않았다.

그래서 또 소액 대출을 받았다.

카드빚에 허덕거렸다.

사치품을 사들였다.

좋아하는 작가의 타투를 새겼다.

코로나에 걸렸다.

가을, 엄청난 우울이 찾아왔다.

옥상에서 떨어져서 죽고 싶었지만 용기가 없었다.

아침에 일어나기 힘들고 청소와 정리 정돈이 힘들었다.

살이 많이 빠졌다.

인간관계가 정리되었다.

근무하기 힘들었다.

한 달간 휴직을 권유받았으나, 민폐 끼치는 것 같아 죄송해서 퇴사했다.

겨울, 본가로 들어왔다.

대출과 카드값은 모아놓은 돈과 자취방 전세금으로 갚았다.

엄마에게 미안했다.

2023

겨울, 잠만 잤다.

살이 아주 많이 쪘다.

그래도 다행인 건 갑상선 기능 저하증 약을 끊었다는 것이다.

씻지 않았다.

심한 우울의 증상이 낫지 않아 근처 대학 병원으로 전원을 했다.

라믹탈을 처방받았다.

대학 병원 교수의 말과 진료에 상처를 받아 다시 오래 다녔던 집 근처 병원으로 옮겼다.

봄, 가끔 운동을 갔다.

가끔 산책을 나갔다.

슬슬 세상 밖으로 나가고 싶었다.

일을 해야겠다고 마음먹었다.

여름, 돌고 돌아 다시 적당한 일을 시작했다.

가족들의 관심과 응원을 받으며 안정을 찾았다.

우울이 있었지만 일상으로 돌아왔다.

가을과 겨울, 좋아하는 취미들을 즐기며 일상을 블로그에 기록하는 습관을 들였다.

2024

봄, 노래를 많이 듣게 됐다.

약간의 우울이 있었지만 일상에 지장을 줄 정도는 아니었다.

잔잔하게 또는 평온했다.

여름, 갑작스럽게 이직을 했다.

가을이 오자 슬슬 경조증이 왔다.

잠이 잘 오질 않는다.

하고 싶은 것이 많아진다.

리튬을 다시 처방받다.

안정제를 먹기 시작했다.

안정제를 먹지 않아도 불안해서 가지고 다니게 된다.

병원을 옮기다.

퇴직 권유를 받다. 당일 퇴사를 하다.

민트 캔디와 탄산수 등 차가운 것을 많이 찾는다.

과소비를 한다.

약이 엄청 많이 늘었다.

2024년 가을 현재, 나의 조울은 여전히 진행 중이다.

국립공주병원
정신 병동에서

국립공주병원
여자 안정실 식탁
2017. 11. 21 화
밤 9시 40분경
나 홀로.

2017. 11. 22. 수

국립공주병원 안정 여자 병동에서

첫눈 오는 날을 기억하며

빛나는 별 5개

가로등 별

칠흑 같은 밤.

2017. 11. 28 화 8시 반경

안정 여자 병동 복도 끝

보름달과 별과 반짝이는 비행기.
소원을 빌기 딱 좋은 날
보름달
진주 귀고리 같은 보름달
엄마의 귀에도
내 귀에도
얹어놓고 싶은 그런 보름달
17. 12. 5. 화 6시 30분경
안정 여자 병동 창가에서

감정 조각들

회피

나는 회피성 성향을 가지고 있다. 인간관계든 일상이든 가끔 회피하고 싶을 때가 있다. 그런 기분이 들면 난 항상 도망치곤 했다. 사람이든 환경이든. 그러나 결과는 좋지 못했다. 이제는 도망가지 말고 안고 부딪혀 보자.

날카로운 물건이 없는 삶

포크와 가위와 칼이 없는 생활은 상당히 불편하다. 화병에 있는 꽃의 꽃대를 잘라 줄 수도 없고, 딸기 끝부분을, 케이크를 깔끔하게 자르지도 못한다. 그러나 예쁘지 않으면 어떤가. 그래도 어떻게든 해결된다. 삶도 이와 같다. 나에게 주어진 상황에 감사하며 욕심 부리지 않고 그 안에서 해결하면 된다. 멋지지 않아도 깔끔해 보이지 않아도 된다.

그럼에도 불구하고
마음의 안정을 찾으려고 간 절.

서울에서의 절은 처음인데 작아서 조금 실망했다. 그러나 절이 주는 분위기에서 마음의 평화를 찾았고 물소리가 들리는 곳 앞 벤치에 앉아 그림을 그렸다.

한참이 지났을 때였나, 사진을 찍으러 온 중년 남성분께서 '대단하십니다'라고 칭찬을 해 주었다. 나는 부끄러워 '아니요 그냥 취미로 그려요. 잘 그리지는 못해요'라고 답했다. 그러고는 그림 그리는 나의 모습을 사진 찍었다. 평소 같으면 찍지 말라고 했을 법도 한데 그냥 아무렇지 않았다.

그렇게 잠시 옆에 머물다가 가고 그림을 그리고 있는데 그분이 다시 나타났다.
반가운 마음에 갑자기 그림을 선물하고 싶어졌다. 미완성 상태였지만, 잘 그리지는 못하였지만.

"아까 찍은 제 사진 좀 볼 수 있을까요?"

말을 걸고, 사진을 보고, 그림이 그려진 종이를 건넸다. 그리고 '좋은 하루 보내세요. 제가 앉았던 벤치에 앉아 풍경을 느껴보세요. 안녕히 계세요.'라고 말하고 그곳을 떠났다.

흐린 하루였지만 잠시나마 맑은 하늘을 볼 수 있어서, 누군가가 말을 걸어 줘서 따뜻한 시간이었다.

길상사에서.

외로운 곡예

일하다가 또 불안 증세가 찾아왔다. 손이 떨린다. 감정 조절이 되지 않는 게 분명하다. 약을 먹고 밥을 먹고 산책을 한다. 햇볕이 따뜻하고 봄 같다. 근데 나는 왜 또 우울하고 또 울컥할까.

마치 외줄타기를 하는 느낌이다. 이 곡예는 언제 끝날 것이며, 언제쯤 바닥에 발을 디딜 수 있을까. 울음을 참는 것이 힘들지만 이겨낼 것이다. 이 우울하고 울컥하는 감정에 휩싸이게 내버려두지 않을 것이다. 날씨도, 나에게도 봄이 다가오고 있음은 분명하니!

불안 주머니 속엔

시규어 로스,

민트 캔디,

안정제

일요일 출근길

일요일 출근길은 한산하다. 운이 좋으면 앉아 갈 수도 있다. 적당한 사람들과 적당한 거리를 유지할 수 있다.

적당한 거리와 적당한 기분. 넘치지도 비워지지도 않는 것. 오늘은 딱 그 정도이다.

마음의 그릇 안에 항상 그 정도의 채움을 유지하는 것은 나에게는 매우 어려운 일이다. 넘치지도 비워지지도 않게, 딱 오늘 출근길만큼만 그렇게 적당히 잔잔히 채워져 있었으면 한다.

별

구름이 가려도 빛을 내는 작은 별

흘러간다

오늘은 시간의 흐름대로, 의식의 흐름대로 글을 쓰려고 한다.

10시 30분 기상, 병원에 갔지만 진료 일을 착각하여 전에 받았던 처방약만 받고 집에 왔다. 허무하고 어이가 없었다. 나는 요즘 나사가 빠진 사람 같다. 다시 제자리를 찾아 조여 줄 필요가 있겠다.

상담을 미루고 좋아하는 카페에 가서 책을 읽으려다 갑자기 절에 가고 싶어졌다. 아니 절로 도망가고 싶어졌다. 진관사로 가는 길은 멀고 날씨도 좋지 않았다. 마음도 기분도. 하지만 멀리서 북한산의 설경이 펼쳐졌고, 마음과 기분이 조금 나아졌다. 진관사는 나의 글로 다 표현할 수 없을 정도로 아름다웠으며 모든 게 완벽했다. 그리고 구름 사이로 해가 비쳤다. 서울의 절들은 흐린 날씨임에도, 그럼에도 불구하고, 나에게 잠시나마 맑은 하늘을 선사한다. 참으로 따뜻하며 고마운 선물이다.

미루었던 화장실 청소를 했다. 매우 더러웠다. 어지러웠던 내 마음과 기분처럼.

그 후 좋아하는 온도로 샤워를 했다. 너무 뜨겁지도 차갑지도 않은 중간의 온도로. 따뜻한 물과 차가운 물을 조절하는 꼭지처럼, 기분과 감정이 쉽게 조절된다면 얼마나 좋을까. 그렇게 된다면 딱 내가 좋아하는 온도로 맞춰 놓고 싶다.

그러고 보니 오늘은 안정제를 한 알도 먹지 않았다. 일부러 먹지 않은 것은 아니고, 약간의 불안이 왔지만 참을 수 있을 정도였다. 그럴 때면 나는 민트 캔디를 먹고는 하는데 또 그것에 의존하고 중독될까 봐 걱정을 했다. 그렇지만 알 게 뭐람! 그런 괜한, 불필요한 걱정들은 나중에 하기로 하자.

선물 같은 하루들

보라매 공원에서 펑펑 울던 날
벤치 뒤에 꽂혀 있던 휴지,

그날의 따뜻함을 아직도 기억한다.

오늘은 그런 따뜻한 선물 같은 하루였다.

주위의 친구들 가족들 동료들 모두
나에게 따뜻한 배려와 관심과 사랑을 주었고 주고 있다.

돌이켜 생각해 보면
나는 주위 사람들에게 솔직하지 못했던 것 같다.

나의 병과 상처들 그런 속마음을 털어내지도 못했고,
기대고 싶지도 않았다.
나에 대한 솔직한 이야기들을 말하고 나면
그게 다시 화살이 되어 돌아올까 봐 무서웠던 것 같다.
그런데 요즘의 나는 꽤 솔직한 사람이 된 것 같다.

이렇게 나의 병과 상처를 이야기하고

공감하고 공감받고 감정을 나누는 법을 알게 되었다.

나는 제법, 속도는 느릴지 몰라도

조금씩 성장하고 있는 것 같다.
나에게 과분하고 따뜻한 마음의 선물들을
받게 되어서 너무 감사하고 고마운 하루다.

오늘의 눈물은
그동안의 무섭고, 불안하고, 외로웠던 눈물이 아닌

고마움의 따뜻한 눈물들이다.

회복

"작년 여름

네가 준 위로가 나를 살렸지

그렇게 주저앉았을 그 무렵이

잊히지 않고 늘 생각이 나서

그런데 난 너에게 해준 것들이 고작

이야기를 들어주는 게 전부여서 마음이 아파

내가 회복했듯이 혜림이도 차차 회복할 거야

서두르지 말고 네 속도로 천천히 그렇게 나아가 줘"

- 수민

솔직하지 못한 사람

병원을 정하고 옮기는 일은 힘들다.

나는 그 선택에 있어서 신중하지 못했던 것 같다.

그동안 다녔던 병원의 상담은 감정이 담기지 않은 형식적인 말들과 빨리 진료를 끝냈으면 하는 마음의 마무리적인 말들로 다가왔다.

그 후 약물 치료에 의존하며 솔직하지 못한 상담들을 했다.

병원에서조차 나는 솔직하지 못했다.

그래서 나는 가깝고 편하고 적당한 병원들만 찾았다.

병원을 옮기기로 결심하고 서울에서 약 1년 동안 다녔던 병원을 마지막으로 찾았다. 마지막 상담이었다.
선생님께서는 그동안 잘해 왔으니 앞으로도 잘 할 거라고 격려해 주셨다. 그 말에는 조금의 진심이 담겨 있었던 것 같다.

여분의 약을 타고 약봉지의 글귀가 눈에 들어왔다.

귀하의 의지와 노력이 약효를 더해 줄 것입니다.

나는 왜 이 글이, 이제야 뒤늦게 마음에 다가오는 걸까.

양말
엄마가 사준 양말, 언니와 나

서로 발에 신겨진 양말만큼 적당히 따듯하고 행복한 하루

응급실

집에 오는 길 아마 나는 두려움에 떨었던 것 같다. 집에 가는 순간 내가 죽을 것 같다는 생각을 했기 때문일까.

살고 싶지만 살고 싶지 않았고 죽고 싶지만 죽고 싶지 않았다. 이내 생각이 멈췄으면 좋겠다고 생각했다. 가지고 있던 안정제를 꺼내고 왼쪽 손목에 펜으로 선을 그리고 한참을 바라봤던 것 같다.

그러다가 너무 무서워서 자살 방지 센터에 전화를 걸고 위와 똑같이 말을 했고 머리가 복잡해져 안정제를 먹고 잠을 청했다. 그 당시에는 아마 아무 생각 없이 긴 잠을 자고 싶었던 것 같다.

그 후 4시간 만에 잠에서 깨고 그 몽롱한 기분에 무슨 일이라도 저지를 거 같아 울면서 응급실까지 걸어가던 나는 뭐가 그렇게 무서웠을까 아니 뭐가 그렇게 두려웠을까.

뇌전기 활동도 검사와 숏컷

2시 30분 뇌전기 활동도 검사. 귀 뒤에 무언가를 부착하고 머리에 무언가가 달린 망을 쓰고 젤을 뿌린다. 주사기에서 젤이 나오는 뿌지직- 소리에 소름이 끼쳤다. 검사 중에 한숨을 쉬는 선생님의 목소리를 듣고 좀 걱정이 됐다! 결과는 나중에 나온다는데 과연. 검사를 마치고 머리를 감았다. 순간 웃음이 나와 피식 웃었다. 병원 검사실에서 하나로 샴푸로 머리를 감고 말리다니 참 재미있는 경험이다.

뭐 갑작스럽게는 아니고 전부터 하고 싶었던 숏컷에 도전하기로 했다. 능숙하지 않은 디자이너가 꽤 오래, 아주 열심히 잘라주었다. 100% 만족은 아니지만 꽤 마음에 든다. 소년이 된 기분이랄까. 숏컷 또한 별거 아니네!

위층이 이사를 갔다. 이제 아이들이 뛰는 소음과 울음소리를 듣지 않아도 되어서 기쁜 마음과 이내 서운한 마음이 들었다. 땡땡아 밥 먹자 하는 정겨운 소리도 못 듣겠지. 곧 누가 이사 올까…. 두려운 마음이 들었다.

지난 추억들

지나지 않을 것 같은 순간들은 어느새 잊혀, 문득 꺼내 보았을 때 그것이 아무것도 아니었음을, 그저 그런 지난 추억들이었음을.

단면적 시각

사람들은 사실과는 다르게 보고 싶은 것만 보고 듣고 싶은 것만 듣는다. 단면적인 시각과 사고들.

구름

오늘의 구름은 그때의 구름과 닮아서

괜스레 좋다가도 이내 서글퍼지는 날

잠

요즘 내가 빠진 것

노래를 들으며 잠에서 깨고

노래를 듣다 스르륵 잠에 드는 것

잠에 취하면 자주 듣던 노래들이 새롭고 좋게 느껴진다. 항상 반복되는 일상들이 지겨울 때 조금 다른 시각으로 바라보면 단조로운 풍경마저 새롭고 소중하게 느껴지는 것처럼.

피어나

길게만 느껴졌던 2월의 마지막 날

길었던 겨울이 지나고 곧 봄이 오면

나의 삶도 꽃처럼 아름답게 피어나길

도전

3월의 첫날 시작이 좋다.

결과가 어찌 됐든 시작하고 도전했다는 것에 만족한다.

시냇물

잔잔히 흘러가는 우리들은

어디로 흩어지고 도달할까

깊게 들여다보기

단단한 사람이 되고 싶다는 생각을 이내 고치고
무르고 약해 뭉그러지더라도,
빛을 잃지 않는 사람이 되고 싶다.

후회

머리카락을 짧게 자른 지 몇 주가 지났다. 사진을 보며 후회를 한다. 기르지 않고 왜 잘랐을까. 아니 그만큼 마음이 시끄러웠던 거겠지.

잘라진 머리카락은 후회한다고 해서 다시 붙일 수 없다. 내가 과거에 했던 행동과 말들도 주워 담거나 되돌릴 수 없다. 시간이 지나면 새로운 머리카락이 자란다. 하지만 자라나는 머리카락의 색도 내 마음의 색도 본래의 색으로 정해져 있기 때문에 쉽게 바꿀 수는 없다. 다만, 그 머리카락이 자라는 속도만큼 마음의 길이도 함께 자랐으면 좋겠다.

체리 콩포트

며칠 전에 산 체리가 너무 맛이 없다. 혹시나 하고 다른 걸 먹어 보아도 그랬다. 이걸 어찌할까 생각하다 체리 콩포트를 만들기로 했다. 체리와 설탕을 넣고 조리면 되는 간단한 작업이었다. 혹여나 타지 않을까 마음 졸이며 체리를 조렸다.

그동안 나는 내 병이 재발하지 않을까 하는 생각에 마음 졸이며 살았다. 계속 이러다가는 졸아 없어져 버릴 것 같다. 오늘 만든 체리 콩포트처럼 너무 되지도, 흐르지도 않는 적당한 농도로 끓어올라야지.

신맛 젤리

그동안 달게만 느껴졌던 직장 생활이 갈수록 시어지고 있다. 새로운 변화의 맛에 나는 인상을 찌푸리게 된다. 이 신맛은 쓰게 느껴질 수도 있고 단맛을 더욱 돋게 할 수도 있다. 단맛과 쓴맛 사이에서 나는 앞으로 어떤 맛을 느끼고 어딘가에 도달하게 될 것인가.

후토마키

고민과 고민이 많은 요즘. 노력 없이 한입에 얻겠다는 욕심을 부리다가는 입이 찢어지고야 말겠다.

무관심

세상은 넓고 이상한 사람들은 너무 많다. 겨우 찾은 안정이 조금씩 흔들리고 있다. 하지만 기대가 없으면 실망도 없는 법. 증오하는 마음의 열정을 쏟기조차도 아까운 사람이다.

시절 인연

서울에 올라온 지 벌써 1년이 됐다. 그동안 많은 사람들을 스쳐 지나갔다. 그중에는 기억에 남는 사람들이 있는가 하며 기억하고 싶지 않은 사람들도 있다. 하지만 기억에 남든 남지 않든 우리들은 어떤 천운에 의해 만나게 된 것이다. 나에게는 좋지 않은 기억으로 남은 사람도 다른 누군가에게는 오래, 기억에 남는, 기억하고 싶은 사람일 수도 있겠지. 나는 누군가에게 어떤 사람으로 기억하고 기억되고 있을까.

봄

요즘 내 주위는 온통 먹색

그럼에도 불구하고

여리고 작은 꽃들은
제자리에서 봄의 색을 발하고 있다

안녕의 순간들

사람은 저마다의 색과 결을 가지고 있다. 나는 그들에게 고유의 색에 맞는 꽃을 선물하고 싶었다. 물망초의 꽃말이 꽤나 잊히지 않을 것 같다. 이젠 날들이 아닌 마음들로 함께 할 것.

중간의 색 파란색

밝음과 어둠

흰색과 회색

중간의 색 파란색

그리고 햇빛

감동

좋아하는 것들이 가득했던 하루

그 순간과 감동을 잊지 않을 것

쓰레기

부패한 쓰레기를 주워 담아 포장해 봤자 악취에 못 이겨 언젠가는 다시 버리게 되어 있다. 인정하지 않는 사람들이 말하는 실수는 사실 실수가 아니라 충동 조절이 안 되는 것이다. 쓰레기라는 본질은 변하지 않는다. 언젠가는 썩어 문드러지게 되어 있다.

불안

최근 불안한 마음에 늘 안정제를 가지고 다녔다. 그러다 오늘 불안 증세가 다시 찾아왔다. 서류에 2020년 4월 30일 날짜를 쓰고 사인을 하는 게 억울했다. 머리가 아프고 감정 조절이 되지 않는다. 숨이 쉬어지질 않는다.

두통약과 안정제를 먹었다. 불안정한 상태에서 불안한 상황과 선택의 기로에 놓이게 되니 그럴 만도. 걱정과 생각이 많은 나에게 변화는 늘 두렵다. 나의 30번째 생일을 기점으로 어떤 선택의 결과와 어떤 변화의 바람이 불어올지.

1+1

주는 만큼 받는, 정해진 감정은 뭘까

네가 -5를 주면 나는 -15로 받고

네가 5를 주면 15로 받는 나는

주는 것보다 더 받는, 그런 감정은

부암동

흐렸던 날씨는 자취를 감추고 이내 맑아졌으며 꽃과 햇살 바람이 가득했다. 다시 찾은 환기 미술관은 역시나 좋았으며 클럽에스프레소의 커피 맛도 꽤나 인상 깊었다. 부암동에서.

인생 그림

쌓고 쌓고 또 쌓으면 거칠어진다. 그렇지만 멀리서 보면 또 나름 괜찮은 질감이 표현된다. 삶이란 과정은 다양한 경험의 색들이 겹치고 쌓일 뿐 어떠한 그림을 그리고 완성될지 아무도 모른다. 그저 지금은 겹치고 쌓는 과정일 뿐이다.

LIT 750 , A-005 2
1. 너의 단어와 문장 안에서

한동안 들여다봤던 거 같아.

나는 어떤 아이였나 돌이켜 보기도 하고 너의 편지의 단어와 문장들 사이에서 나는 그저 그런 위로의 말들보다 더 따스한 느낌을 받았어. 그래서 그냥 전해 주고 싶었어. 너의 단어와 문장 안에서 나는 꽤나 행복했다고. 물질이 가진 본래의 성질처럼, 저마다 숨겨도 숨겨지지 않고 바뀌어도 드러나는 것들이 있는 것처럼.

우리도 어떤 인연에 의해 끌리고 환경이 바뀌어도 어떤 이끌림에 의해 이루어진 관계란 걸. 오늘처럼, 따스한 봄날처럼, 따스한 말들이 너무 고맙고 소중해 두고두고 또 곱씹어 보아.

2. 월요일이 기다려지는 이유

누군가에게 나의 이야기를 하는 일이란 나에게는 매우 어려운 일이다. 월요일 휴무 아침을 깨워 주는 진동 소리에 나는 반가움을 느낀다. 마치 월요일마다 생존 보고를 하는 느낌이랄까. "저의 일은 누군가의 이야기를 들어주는 건데 혜림 님은 저의 말을 잘 들어주고 있어요. 그래서 뒤바뀐 것 같아요"라는 말을 들었을 땐 내가 듣기 좋아하는 사람이고 그런 성향이란 걸 확인시켜 줬다. 아직은 나의 이야기를 하는 것은 힘들지만 일주일에 고작 30분일지라도 나의 이야기를 귀담아 들어줄 사람이 있다는 것은 참 행복한 일이구나라고 느낀다. 저의 안부를 물어주어서 고맙고 감사합니다. 그게 비록 업무적인 일이라도 말이에요.

조립

수많은 나사들은 제자리를 찾았고

새로운 취미들로 가득 채워지겠지

변화의 나날들이었던 3월도 안녕!

턴테이블과 엘피

  무언가에 관심을 쏟는 것은 매우 즐거운 일이다. 그런 즐거움을 주기 위해 매달 한 장의 lp를 사기로 했다. 책과 함께 쌓여질 나의 수집 목록이 꽤나 기다려진다. 그리고 내가 좋아하는 사람들과 함께 그 목록을 공유하는 날을 그려 본다.

평온

오지 않을 것 같던 4월도 이젠 얼마 남지 않았다. 생각보다 나쁘지 않은 조건들과 그간 불안정했던 일상들도 평온하다. 그동안 지내 왔던 것처럼 앞으로도 잔잔하게 지내보자.

약속

한 달 전 기약했던 약속들은 이루어지지 않았고 시간이 지난 뒤에 남아 있던 계획들을 실현한다. 그런데 아직 지난 우리의 약속들을 나누었던 때가 잊히지 않는다.

제주

 별다른 일정 없이 같은 장소에 머무르는 여행은 이번이 처음이었다. 지루하지 않을까라는 생각도 했지만 매일, 매시간마다 새로운 바다의 물결만 바라보아도 흥미로웠다. 일상으로 돌아가면 다시 도돌이표처럼 같은 장소에 머무르겠지만 그 속에서도 매일 달라지는 순간과 빛을 찾고 매일 다른 하늘을 바라볼 수 있음에 감사한 마음을 가지고 살아야겠다.

단단한 사람이 되고 싶었다

나는 변화를 싫어한다. 아니 무서워했다.

걱정과 생각이 많기 때문일까?

하지만 뒤바뀌는 상황과 감정들을 겪어 보니
조금은 무뎌진 것 같다.
무섭다고 피하기만 하면 오히려 그것들에 이끌려 다니게
된다.

가끔은 피하지 말고 부딪히고 마주할 것.

단단해지지는 않아도 점점 무뎌질 테니.

경조증

요즘은 기분이 뜨는 경향이 있다.

부지런해졌다. 아니 안절부절못한다.
휴무이지만 회사에 들렀다.

마지막으로 작업실에 간다.

일 년 동안 잘 지내고 머무르던 곳인데 아쉬운 마음이 크다.

작업실에서 마지막으로 작업을 한다.
지나가던 분이 묻는다. 뭐 하는 곳이에요?

설명을 하고 오늘이 마지막이라고 답한다.
마지막으로 답이 온다.
돈 많이 버시고 부자 되세요!

난 어른들의 관심 어린 스몰 토크가 좋다.

오늘도 잘 보냈구나, 4월의 중순에서

19910430

32년 동안 싹을 틔우고

또 꽃을 피워내느라

애를 쓰며 고생해 왔구나

곧 지고 말라비틀어지겠지만

순간

발하는 빛은 퍼져 나가겠지

잊히지 않는 향으로

같이 고민해 봅시다

꽃샘추위에 냉해를 겪었지.

하지만 앞으로 다가오는 위기를 대비해 또 이겨 낼 수 있을 것.

외부적으로 일어나는 일들에 나를 대입하지 말 것. 너의 잘못이 아니다.
꽃이 되어 피어나고 싶어 하지만 항상 피어 있는 사람. 버섯 같은.

깊은 향을 가지고 살아갈 것.

요가, 개인적인 운동, 등산, 산책, 나를 가꾸고 성장하는 시간을 가질 것.
사람들을 치유해 주는 일을 할 것.
사람을 끌어오는 일을 할 것.

신뢰를 줄 것.

신뢰 있는 사람을 만날 것.

공간을 팔지는 못하지만 물건을 파는 일이 좋을 것.

불안을 이겨낼 것.

그리고 절대 조르지 않을 것.

계절
그때의 계절, 거친 바람을 이겨내고 단단히 피어나

무제 1

가면을 너무 오래 쓰고 살았나

뭉그러지는데 웃고만 있었네

무제 2

부러진 부분을 잘라내야 하는 것을 머리로는 알지만, 가슴으로는 받아들이지 못하는 상태

감정의 롤러코스터

우리는

같이

탄다.

우리는

같이

떨어진다.

나의 기준에
나의 기분에

두려움을 이겨낸다.

눈을 감고
탄다.

펑펑

최근 감정의 온도가 높아지고 있다. 여전히 나에겐 어려운 중간을 유지하는 일.

이전에 복용했던 리튬을 다시 처방받다. 사형 선고가 내려지는 기분이다.

이 곡예는 언제쯤 끝이 날까. 7년이 지났지만 아직도 끝이 나질 않는다. 사실 지겹고 힘들다.

집에 오는 길, 눈에서 펑펑 내렸다. 그러나 눈처럼 금방 녹아 버렸다.

겨울이 오지 않길 바란다.
펑펑 내리더라도 쌓이질 않길.

우울의, 감정의 겨울이.

지는 마음
걷잡을,

수없이 커진다.

 증상이 시작된 것이다. 외줄 타기 하는 기분으로 하루하루를 살아간다. 더 높이 또는 아래로 추락하지만 않게. 안전장치가 있지만 불안하다. 빠르게 휘감겨 정지 버튼이 눌리지 않는다. 일시 정지. 일시 정 지.

 오늘도 요동치는 마음을 다잡고 오지 않는 잠을 청해 본다.

진관사
 진관사를 가는 날은 항상 흐리다. 하지만 마음의 날씨까지 흐리진 않았다. 오늘도 역시나 가는 길이 험난하고 길어 지루했지만 도착하니 새소리와 물소리가 나를 반겨 주었다. 절이 주는 편안한 분위기가 나는 좋다. 흐렸던 날씨는 이내 맑아졌으며 구름에 가려진 맑은 하늘을 볼 수 있었다.

마치 나에게 "어서 와, 오랜만이야! 잘 왔어"라며 반겨주는 마음의 날씨 같았다. 사찰을 둘러보고 돌탑도 쌓고 소원을 빌었다. 건강, 안녕, 행복, 항상 같은 소원들이다. 하지만 이번엔 그의 건강도 같이 빌어 보았다. 염주 팔찌를 산다. 아까 빌었던 소원을 담아 그에게 선물하였다. 크기가 다른 팔찌 두 개를 서로의 손목에 나눠 끼웠다.

 팥빙수를 먹고 해우소에 들른다. 베이지색의 펑퍼짐한 슬랙스를 입고 있었는데 청소하시는 분께 합장을 하며 인사를 드리니 손님이시죠? 한다. 순간 아! 아! "제 바지가 절복 같긴 하죠."라며 깔깔 웃었다. 재미있는 순간이었다.

 흐리지만 잠시나마 맑은 햇살을 볼 수 있어서, 불경 외우는 소리를 들을 수 있어서, 너의 안녕을 기원해 줄 수 있어서 행복한 시간들이었다.

 진관사에서.

위기와 기회

휴일을 보내고 출근을 한다. 수업 준비를 마치고 원장이 부른다. 아 직감으로 느꼈다. 올 것이 왔구나. 결이 맞지 않는 것 같다. 컴플레인을 많이 들었다. 면접 때 그런 말은 하면 안 됐었다, 라고 이야기한다. 어이가 없다. 화가 나는 마음을 꾹 참고 '이번 달까지만 근무할게요'라고 이야기했다. 아니 퇴사시키는 마당에 꾸중이라니? 참으로 어이가 없었지만 그런 마음을 꾹꾹 눌러 놓고 수업 준비에 임한다. 어린 선임이 이야기한다. 쌤 이것도 해야 하고 저것도 해야 되는데? 말이 짧다. 이 어린 꼰대를 어쩌면 좋지? 그동안의 텃세에 꾹꾹 눌러 놨던 마음이 터져 나와 버렸다. 저 오늘부터 근무 못할 것 같아요. 안녕히 계세요. 참으로도 이상한 곳이다. 화가 너무 나서 병원에 갔다. 내일 진료이지만 오늘 갔다. 아니 가야만 한다. 눌러 놨던 마음을 이야기하고 약간의 위로와 상담을 받고, 약을 처방받는다. 비가 쏟아내린다. 아 우산을 두고 왔지 참? 우산을 빌려 쓰고, 새로 산 우산이 매우 가볍고 마음에 들어 기분이 나아졌다. 나의 병과 마음도 가벼워지고 나아지길 바라는 마음에. 위기는 곧 기회라고 하질 않던가? 나는 오늘을 그렇게 생각한다. 곧 기회다. 새롭게 시작할 기회.

안시리움과 케이크

기침이 멈추질 않아 이비인후과에 다녀오는 길, 좋아하는 케이크 가게에서 조각 케이크와 구움과자를 사고, 꽃집에 들러 화분을 산다. 안시리움 화분과 하얀색 폼폼 국화 세 송이와 유칼립투스.

다니던 병원을 간다. 마지막이었다.

조각 케이크 3개와 꽃다발을 간호사 선생님에게 전달했다.

너무 좋아하셨다. 환자분께 이런 거 받아본 적은 처음이에요. 감사해요. 선생님 저 병원을 옮겼어요, 마지막이에요, 라고 하니 왜요? 라고 묻길래 답한다. 아 예전에 비해 환자들도 많아져서 진료보기 어렵고, 진료 시간이 짧아져서요. 간호사 선생님이 공감의 아~를 한다.

선생님과 진료를 본다. 선생님은 매번 갈 때마다, 몇 년 동안 진료실에서 나와 환자 이름을 부르며 마중 나와 준다. 오늘도 역시나.

퇴사를 하고, 병원을 옮겼어요. 약이 늘었지만 잘 지내고 있어요. 선생님을 처음 뵌 게 2018년도인데 벌써 많은 시간이 흘렀네요. 그동안 성공하셔서 대단하다고 느낍니다. 그런데 선생님, 많이 힘들고 지쳐 보이셔요. 힘내세요. 라고 대답한다. 화분을 건네니 아 이런 거 안 사오셔도 되는데 감사합니다. 상담할 때와는 다른 차가운 말투이다.

그동안 감사해서요. 안시리움이라는 식물인데 처음에는 꽃말을 모르고 샀는데 찾아보니 '불타는 마음, 번뇌'라는 뜻이래요. 현재 상태의 저 같아서요. 아 네. 사무적인 대답이 돌아온다.

책을 쓰고 있는데 혹시 선생님께서 저에 대해, 병에 대해 간략하게나마 글을 좀 써 주실 수 있을까요? 대답이 돌아온다. 유명한 선생님들도 많고 제가 글 쓰는 재주가 없어서요. 부담 갖지 않으셔도 돼요. 그냥 선생님이 저를 오래 봐 왔으니 드린 부탁이었어요. 한번 고민해 볼게요. 차가운 답변이 돌아왔다. 메일 주소를 알려주고 진료 기록서를 요청했다.

상담실에서 나오는데 기분이 복잡 미묘했다. 아니 사실 서운했다. 음 역시 병원을 바꾸길 잘했나? 내가 부담스런 요청을 한 건가? 알 게 뭐람!

진료 기록서 사본을 인쇄하는데 양이 꽤 많아서 웃겼다. 사실 그럴 만도 한 게 2018년부터 다녔으니….

아무튼 시원섭섭한 안녕을 했다.

선생님에게 메일이 오려나? 안 와도 된다. 그래도 책 만드는 데에는 문제없다!

집에 와서 여러 장의 진료 기록서를 살펴본다. 선생님의 상담 요약 너무 간결하고 재미있잖아?

심리 상담소

현재 마음의 상태가 시끄러워 상담을 받아 보고 싶어졌다. 또한 대학원 진학에 대한 생각도 많아졌다.

이쪽 전공이신 전 학원 원장님과 상의하니 대학원에 가는 이유와 목표가 있을 것 아니냐. 그럼 우선 내담자로 상담을 먼저 받아보라고 했다.

멀리 가고 싶진 않아서 적당한 곳을 알아보다가 방문하였다. 50분 1회 상담 12만 원.

문을 열고 들어가니 민머리에 비니를 쓰고 편안하게 입은 선생님이 날 반겨준다.

아니! 내 명리학 사주 선생님과 느낌이 비슷하잖아?

갑자기 출출해져서 비치되어 있는 과자를 까먹으려는데 아 선생님 그거 드시지 말고 더 맛있는 거 드릴게요. 라며 떡 좋아하세요? 라고 묻고 떡을 주셨다.

떡을 들고 상담실 안으로 들어갔다.

깜짝 놀랐다!

스님과 차담하는 공간인 줄 알았다. 좌식은 불편한데… 라고 생각하며 자리에 앉는 순간 각양각향의 인센스 스틱이 담긴 쟁반이 내 앞으로 다가왔다.

 좋아하는 향을 골라 보세요. 다양한 종류 중 열심히 고르니 향을 피워 줬다. 이 상황이 웃겨서 웃음이 피식 나왔다. 차를 우리기 위해 커피포트에 물 끓는 소리와 함께 간단한 대화가 오갔다. 그런 후 차를 전문적이지는 않지만 우려 나눠 마셨다. 보이차 좋아하세요? 네 맛있네요. 따뜻한 차를 마시며 현재, 최근의 감정 상태를 이야기한다. 이야기하면 할수록 명리학 선생님이 생각난다. 공감이 되는 부분도 많았고 나와 결이 비슷한 사람이라고 생각했다.

 감정 상태에 대해 상담을 하고 진학과 출판 상담을 했다. 조금 의외의 답변이 와서 놀랐지만 곧 맞는 말이기 때문에 책은 석사 졸업 후에 내기로 했다.

 여러 말이 오가고 기억에 남지만. 선생님 제 병이 완치될 수 있을까요? 그럴 수 없을 것 같아요. 라고 말하니 조울은 누구에게나 있다. 그것은 병이 아니라 존재하는 것이다. 라고 했다. 아 그럼 조울은 계절 같은 거네요? 항상 있고 변하는 계절이요. 그렇죠. 근데 계절이 바뀌면 옷을 정리하고 갈아입어야겠죠? 그런 거예요. 완치될 수 있어요. 라고 자신감 있게 말했다.

그 말에 약간의 위안이 되었다. 물론 호구 잡힌 것일 수도 있지만! 검사와 4회차 상담비로 75만 원을 결제했다. 자비출판을 위해 아껴두었던 돈이었다.

나오고 나니 마음이 후련해짐과 동시에 다시 인생을 계획하느라 복잡해졌다. 배고프다. 밥이나 먹자.

술 취한 아저씨와 스몰토크
독서 모임에 가기 전 저녁을 먹기 위해 김밥천국에 들러 김치볶음밥을 먹는다. 막 먹고 나와 외지고 사람이 다니지 않는 곳에서 담배를 피운다.
술 취한 아저씨가 지나가다가 지긋하게 나를 바라본다.

김밥천국… 어눌하게 발음한다. 눈이 풀린 채로.

여기 맛있어요. 먹어 보세요!

인상이 무섭지 않고 느낌이 나쁘지 않아 피하지 않고 대답한다.

그런데 대뜸 나에게 주먹파이팅을 한다.

해 줬다.

미인이셔서…

아 네 술 많이 드셨나 봐요!

친구랑 술을 먹었단다.

얼른 집에 들어가세요!

2차 갈라고….

아 네. 안녕히 가세요.

주먹파이팅을 또 했다.

묘하게 기분 나빴지만 옛날에 일했던 정부 기관의 부처 과장님 같아서 봐줬다.

독서 모임

거의 6년 만, 독서 모임에 운이 좋게 참석할 수 있었다. 모임은 7시 30분이지만 7시에 도착해 버렸다.

채팅방에 메시지를 남기고 두 미팅실 사이에서 고민하다가 조금 더 아늑해 보이는 곳에 자리를 잡고 메시지를 마저 보낸다. 먼저 운영진 분께서 오셨고 다른 남성분과 3명의 여성분이 오셨다.

각자 읽고 싶은 책을 가져와 읽다 발제를 하고 답하면 되는 시간이었다. 나는 법정의 《무소유》와 《2025 트렌드 코리아》라는 책을 들고 갔는데. 오늘은 《무소유》를 다시 읽어 보기로 했다. 아빠의 책장에도 《무소유》가 있더라고? 반가운 마음에 절판된 책을 찾아 읽었다.

사실 같이 책 읽는 시간은 좀 적었다. 항상 토론을 하고 나면 밤 10시쯤 끝난다는데 다들 할 말이 그렇게나 많나? 라고 생각했다.

책 읽는 시간을 끝내고 어떤 분이 가장 먼저 이야기해 보실래요? 라고 운영진이 물았다. 나는 자신감 있게 저요! 라고 답했다.

법정 스님을 좋아한다. 요즘 풀 소유하려고 해서 《무소유》를 다시 읽기 시작했다. 그런데 읽다 보니 가을, 지금 계절과 관련된 글과 문장들이 나왔다. 법정스님은 가을이 독서의 계절을 연상시킨다는 친구와 즐겁게 입씨름을 했단다. 하지만 법정스님은 가을은 독서하기에는 부적당한 계절이라고 느낀단다.

　이 좋은 날에는 그게 그것인 정보와 지식에서 해방될 수 없냐며, 이런 계절에는 외부의 소리보다 자기 안에서 들리는 그 소리에 귀 기울이는 게 제격일 것 같단다.

　나는 토론 발제를 이것으로 했는데 다양한 답변 중에 마음에 드는 답변이 있었다. 독서는 시각적으로 하는 것이기 때문에 물론 가을의 단풍의 풍경을 두고 책 읽는 것은 어렵지만 시각 외의 요소 청각 등 오감으로 가을을 느끼면서 책을 읽는다면 가을은 독서의 계절이 맞는 것 같다고 했다.

　위의 의견과 나의 의견은 비슷했다. 나는 중간인 것 같다. 가을은 독서의 계절이기도 하면서도 아닌 계절. 가을이 되면 여행이나 축제 등 외부활동을 많이 하게 되는데 그에 따른 시간 때문에 책을 읽기가 힘들어지는 것은 사실이다. 하지만 여행을 가거나 단풍 구경을 갈 때 나는 항상 시집이나 산문집을 들고 간다. 단풍이 있는 풍경에 앉아, 바람을 느끼고, 시냇물이 흐르는 곳 앞에 자리해 책을 읽다 보면 책이 더 잘 읽혀지고 오감의 만족이 온다. 이럴 땐 나는 가을은 책 읽기 좋은 계절이야! 라고 생각한다. 외부 활동을 하며 책을 읽을 수 있는 계절은 봄과 가을. 그중 맑은 공기와 선선한 바람을 가진 가을은 더군다나 소중하기 때문이다.

다른 답변들도 오갔다.

서로의 생각을 알 수 있어서 좋았던 순간. 역시 사람은 말을 해야 하고 또 많이 들어야 한다. 오늘의 독서 모임으로 깨달은 것, 신기했던 것, 사람들의 생각과 마음 차이, 독서 취향을 알 수 있던 시간이었다. 모임에 자주 나오게 될 것 같다. 건강한 모임과 토론이 이래서 나는 좋다.

같이고민해봅시다

명리학 선생님과의 오랜만에 상담.

수년 전 버스를 타고 지나가다.

"같이고민해봅시다."

간판이 눈에 띄었다.

기억을 해 두었다가, 잊고 살고 있었다가, 생각이 난 김에 검색을 통해 명리학 사주를 예약했었다.

처음 방문했을 때, 선생님을 보자마자 와 나랑 잘 통할 것 같아. 결이 맞는 사람 같아. 라고 느꼈다.

선생님을 잘 알지는 못하지만.

몇 년 전이라 상담 내용이 기억이 잘 나질 않는다. 그런데 시간이 지나고 몇 년 후 다시 선생님을 찾아뵙고 싶었다.

2022년 6월 18일 친구와 선생님을 만나러 갔다.

딱히 힘든 일은 없었다. 그냥 내가 궁금했고 선생님의 말씀이 듣고 싶었다. 그런데 좋은 말을 많이 해주셔서 기억에 가장 남은 날이었다. 왜냐면 그는 나에게 버섯이라고 하지 않았던가. 깊은 향을 가지고 살아가라며. 잘할 거라며 응원해 주셨다. 그때 해줬던 말들이 기억에는 남지만 인생에 실천은 못했었다.

2년 뒤 오늘, 오랜만에 선생님이 보고 싶어져, 연락을 하고 찾아뵙기로 했다. 선생님은 사무실을 옮겨서 내가 살고 있는 곳과 지리적으로 가까워졌다.

너무 반가운 마음에 선물을 이것저것 사들고 방문했다. 오랜만에 만났는데도 마치 어제 만난 것처럼 익숙하고 편안했다. 지난번과 비슷한 이야기를 해주고(기본적인 사주는 정해져 있으니) 앞으로의 미래, 계획 이야기를 해주고 고민 상담도 해 주었다.

써라,
시간, 돈, 사랑, 경험, 글 등을.
4년 동안 상승하는 시기.
옛 인연이 귀인이다.
너에게 소중한 것들을 많이 줄 것이다.
섬세하고 삶의 모토가 되는 말, 선생님과의 상담이 나는 참 마음에 든다.

그동안 철학이나 여성학, 명리학 등 학문에 관심을 갖고는 있었지만 깊이 배워 보지는 않았다. 그런데 오늘 상담을 통해서, 나를 더 잘 알기 위해서, 다음 주부터 명리학 공부를 시작하기로 했다.

그래, 일단 써라.
경험이든 추억이든 뭐든 남기 마련이니까.
6개월 뒤의 내가 기대된다.

오랜만의 만남

연정과 다솔을 천안에서, 오랜만에, 만남을 가지기로 했다. 명리학 선생님을 뵙기 전, 근처 유명하다는 소금빵집에서 친구들이 좋아할 맛들로 열심히 골라 담았다.

기차역에 도착했다. 기차 시간을 1시간이나 빠르게 착각했네. 입석이어도 괜찮으니 가장 빠른 걸로 주세요.

남은 시간에 일기를 쓸까? 하다 글을 쓸 기분은 아니어서 근처 꽃집을 찾아본다.

친구들이 좋아하는 꽃이 뭐였더라, 무슨 색을 좋아하더라, 라는 생각과 함께 주인분에게 이것저것을 부탁한다. 연정에게는 백합을, 다솔에게는 스토크를 선물한다. 백합은 순결과 깨끗한 마음, 스토크는 영원한 아름다움을 뜻한단다. 연정의 결혼기념일과 다솔의 결혼을 축하하며 준비한 꽃들의 꽃말이 인상적이었다. 친구들이 좋아하는 색을 골라 연정에게는 연보라 포장지와 버건디색의 리본을, 네이비색을 좋아하는 다솔에게는 하늘색 포장지와 네이비 리본을 부탁하였다. 그래 나 친구들의 취향을 아직도 기억하고 있었네.

천안에 도착했다. 그냥 갈까 하다가 커피를 사고, 연정에게 갔다.

요식업 사장이 된 연정은 매우 친절하고 카리스마 있었다. 오랫동안 만나지 못했던, 그동안의 묵힌 대화들과 근황에 대해 이야기를 한다.

다솔이 뒤늦게 도착했다. 오랜만에 보았지만 추억과 보내던 시간이 많아서 그런지 전혀 어색하지 않았다. 다솔과도 그간 있었던 일들을 이야기한다.

물론 나의 근황도 이야기한다. 대화를 하다 보니 우리는 어느새 소녀 같은 여고생에서 완연한 어른이 되었구나라고 느꼈다.

목이 쉴 정도로 많은 이야기를 안주 삼아 술을 마셨다. 그들에게 항상 고마웠던 건 나의 병을 가장 먼저 알아주고 같이 고민해 주고 격려해 줬다는 것.

그런 사람들이 곁에 있어 행복했고 행복했었다.
그 고마운 마음들을 잊고 살았었구나.

이제나마 연락하길 너무 잘했다는 생각.

이번 만남의, 연락의, 불씨가 되어 나에게 용기를 내게 해준 그에게도 고마움을 전했다.

인연이란 것은 참 신기하다. 언제 어디서 만날지 모르고, 언제 다시 헤어질지 모른다. 시절 인연을 소중히 여길 것.

익숙함이 주는 즐거움과 편안함 속에서 즐거웠다. 또한 그동안의 오해를 풀었다. 예전이라면 이해하지 못할 것들도, 그들도 나도 이제는 마음의 여유가 생겨 받아들일 수 있었다. 아니 이해했다. 사랑은 이해의 농도에서 온다고 법정스님이 말하지 않았던가. 우리는 많이, 서로를 사랑했던 것 같다. 지금이라도 그 오해를 풀어서, 짙은 농도의 마음으로 바라봐주어 고맙다.

그들은 새로운 시작을 하는 나에게 많은 응원과 격려를 해주었다. '혜림아, 너 예전보다 많이 편안해 보여.'라고 이야기해 주었다.

따스한 마음을 가진 사람들이 이야기하는, 다정한 말들이 나는 좋다. 말이 가진 힘이 나를 따뜻하게 해준다. 오늘도 그

따뜻함 안에서 참으로 행복했다. 그리고 다들 안정적으로 잘 지내는 것 같아 보기 좋았다. 물론 나도.

최근 불안정한 마음에 병원과 심리 상담, 명리학 선생님까지 만나며 상담을 했지만 그들이 주지 못하는, 나를 오래 봐 왔던, 나의 병세를 처음부터 지켜봤던 그들의 위로와 공감과 응원을 많이 받았기 때문일까.
참으로 행복하고 소중한 시간, 감사하다.

기침

기침과 가래가 멈추질 않는다.

밤이 되면 더욱 심해진다.

잠을 설칠 정도이다.

벌써 병원을 두 번이나 다녀왔지만 차도는 없다.

진찰을 보는데 선생님은 의아해했다.

후두도 괜찮고 인두가 좀 부어 있기는 해요.

근데 폐도 이상이 없는 거 같은데….

일단 항생제를 바꿔서 처방해 볼게요.

3일 뒤에 다시 오세요.

오늘밤도 심한 기침 때문에 잠을 설쳤다.

큰 병원을 가 봐야 하나, 당분간 담배를 끊어 보아야 하나 고민 중이다. 담배를 피우지 않고도 기침이 계속된다면 큰 병원에 가 볼 예정이다. 이렇게 또 병 하나가 늘어가는 것일까. 괜한 걱정.

구찌와 나나

연정의 첫 반려견이었던 구찌가 무지개다리를 건너 강아지별로 갔다는 소식을 들었다. 연정의 가족의 부고에 슬픔이 밀려왔다.

연정에게 내가 위로받았었던 책을 선물한다. 10년 전의 나처럼 아파하질 않길 바라며. 그녀는 나보다 성숙하기 때문에 잘할 거라는 생각에 안도감도 들었다.

10년 전의 나는 너무 힘들었었다. 16년을 키운 강아지 나나가 세상을 떠났기 때문이었다. 나나는 자궁축농증으로 고생을 하다가 떠났다. 그 당시에는 학생이었고 돈이 없었기 때문에 제대로 된 치료를 해주지 못했다. 그에 대한 아쉬움이 가장 크다. 마지막 가던 날까지도 안락사 비용이 없어 편히 보내주질 못했다. 많은 고통을 감당하며 죽음에까지 이르렀을 그녀에게 너무 미안하였다.

안녕? 오랜만이지? 어렸을 때는 네가 너무 귀여워서 자주 괴롭히고는 했었지. 크고 나니 그게 너무 미안하더라. 조금 더 소중히 대해줄걸.

네가 나이가 들고 하루 종일 잠만 자며 시간을 보냈어.
밥도 거르고. 그런데 내가 만들어 준 화식은 너무 잘 먹어 줘서 고마웠어.

외할머니가 세상을 떠난 날, 난 너의 밥을 챙겨주기 위해 장례식도 나가지 않았어. 그때는, 장례식보다는 너의 식사가 더 중요했거든. 그만큼 소중하고 소중했었어.
얼마 후 네가 떠났지, 할머니의 곁을 따라간 거라고 생각했어. 할머니가 외롭지 않게. 그렇게 생각하니 마음이 조금 편해지더라. 나나야 많이 미안해. 아껴주지 못해서, 치료해주지 못해서, 마지막까지 편히 가게 하지 못해서.

네가 가고 몇 달 후 나는 졸업 작품 전시를 했어. 너와 관련된, 강아지 사료 패키지 디자인을 해서 전시회에 냈어. 네 생각을 하며 만들었어. 너한테 보여주고 싶었는데.

그날 다녀왔지? 잘 보고 갔지?

시간이 지나면서 너를 서서히 잊어 갔어. 근데 그게 아니더라. 잊혀진 게 아니라 마음의 상자에 묻고 열어 보질 않았던 거였어. 아주 가끔 문득 그립고 그리워. 그럴 때면 눈물을 쏟고는 하는데 그럼 기분이 아주 조금 괜찮아져. 내가 사랑하는 가족의 첫 부고. 너의 죽음이 나에게 많은 영향을 끼쳤단다. 넌 내가 살아가는 존재고 이유야. 오늘은 꿈도 안 꾸고 단잠에 빠졌었어. 그런데 오늘 밤은 네가 꿈에 나와 주면 좋겠어. 보고 싶어. 아주 많이.

택시 기사

무거운 짐이 많아, 정신과에 가기 위해 오랜만에 택시를 탄다.

- 안녕하세요! 아이고 힘들다. 진료에 늦어서 조금 빨리 가 주세요.

- 네 알겠습니다.

- 어디 다녀오는 길이세요?

- 아 병이 많아 병원 투어 중이에요. 다섯 곳이나 다녀오려니 힘드네요.

- 병이 많은가 봐요? 삼 학년? 사 학년? 삼 학년 팔 반?
- 아니오. 3학년 3반이요.

- 그런데 벌써부터 병이 많아서 어째.

- 아 괜찮아요.

- 무슨 일 하세요?

- 아 미술 관련 일을 하고 있고, 글을 쓰고 있어요. 작가 지망생이에요.

- 오~ 나도 책을 냈는데. 곧 한강을 뒤이을 작가가 나오겠구만!
- 아이고 감사합니다.

- 어떤 글을 써요?
- 아 그냥 제 병에 대해서 감정에 대해서 써요.

- 그렇구나. 저도 투잡하고 있어요. 라며 명함을 건넨다.
- 영문학과 나와서 책도 다섯 권이나 썼어요.
- 우와 정말 대단하시네요! 명함 보고 연락드릴게요.

- 네 건강하세요. 담배도 끊고, 근데 못 끊겠죠?

나도 그랬어. 크게 아파 봐야 끊게 되더라고.

- 네. 어렵네요.

도착지에 도착하였습니다.

- 기사님 그럼 오늘 하루도 잘 보내시고 행복한 하루 되세요! 만나서 반가웠어요. 꼭 연락드릴게요!

명함을 소중히 들고 택시에서 내렸다.

이 일화를 친구에게 말하니 그럼 넌 한강이 아니고 금강인가? 한다. 그래 여기 금강이 흐르긴 하지. 금강도 좋다.
어른들과의 스몰토크는 항상 재미있다.

기사님과 짧은 시간을 보냈지만, 그사이 정들어서 곧 연락드려 볼 생각이다. 인연이란 건 신기하구나.

꽃집

병원의 실수로 다시 돌아가던 길. 나도 모르게 들어간 근처 꽃집.

선물할 건데 거베라와 소재를 넣어 맞춰 주세요 한다.

그리고 대화가 시작되었다.

- 어디 다녀오는 길이세요?
- 정신과요.

- 아 우울증!?

- 아뇨, 조울증이요.
- 아이고 힘들겠다.

- 괜찮아요. 병원 근처라 들러 봤는데 꽃이 너무 예쁘고 사장님 센스가 좋으시네요.

- 아이고 감사합니다. 거기 진료 잘 봐요?
- 네, 다른 곳보다 괜찮고 아직 개원한 지 얼마 안 된 곳이라 열정적이셔서 좋아요.

- 그래요? 근데 조울증이면 본인이 힘들겠다.

- 네. 그렇긴 한데 사람들 모두 조와 울은 있잖아요. 저는 그게 조금 더 심할 뿐이에요.
- 그렇구나. 그래도 되게 밝아 보여요.
- 감사합니다.

꽃다발을 포장하는 사이, 선물할 화병도 하나 사고, 나를 위해 아스파라거스 화분도 하나 샀다.
포장지와 리본이 너무 마음에 들어 기분이 좋았다.
사장님, 감사해요. 제 얘기 잘 들어주시고 응원해주셔서요. 꽃 너무 예쁘네요. 포장도 예쁘게 잘해 주셔서 감사합니다. 자주 올게요. 라며 떠난다.

병원에 도착하니 선생님이 착각해서 미안하다며 시원한

캔 음료를 하나 줬다. 정이 많으신 건지 환자 유치를 위한 서비스인지는 모르겠지만 감사했다.

선생님을 잠깐 보고 가고 싶은데요.

꽃다발과 화병을 전달한다.

거베라죠? 라며 단번에 알아차리셨다.

네. 맞아요. 선생님께서 마음 지원 사업도 알려 주시고 책도 빌려 주셔서 감사해요. 그럼 다음 주에 뵙겠습니다.

나의 아스파라거스 화분을 들고 문을 나선다.
집에 와서 미루어 놓았던 책상 정리를 하고 위치를 잡는다. 그늘진 곳에서도 잘 자란단다. 그래서 방에서 키우기로 했다. 이름은 조울이라고 지어줬는데, 그늘진 곳에서도 잘 자라는 마음이 너무 예뻐서 나의 조와 울도 초롱게… 단단히, 잘 자라는 마음에서.

명심

명심(銘心)

토마토 많이 먹어라 라이코펜 성분이 암예방에 좋데

하루 3끼 잘챙겨 먹으면 살빠진다 제때에 먹는게 중요함

아침에 딸기2쪽 사과 1/4쪽 당근 2조각 토마토 한쪽 이렇게한달만 먹어봐

술은 분별력을 약하게 하니 먹지말고 콩팥이 비대해졌으니 커피도 조금 줄이고 인스턴트식품 가리고. 밥도 돼도록 해 먹어라

절대 굶지마 정신과 약 독해서 굶으면 큰일나

콩팥이 비대해지면 수분줄에야돼 몸무게도 빼야하고

밤에 먹지마

혜림아

힘들땐 성모상에 기도해 도와 달라고 아빤 투석해서 힘들어 잔다

너무 감성에 빠지면 마음약해진다

* 본 글은 아버지의 문자 그대로 인용해 실었습니다.

편지와 메시지

아빠에게

아빠 안녕 오랜만이지

병원에 있을 때 편지했던 거 같은데

기억이 가물가물하네

아빠한테 묻고 싶은 말과

해주고 싶은 말이 있어

이렇게 글을 전해

30년을 살아와 보니

나는 아빠와 참 많이

닮아 있다는 생각이 들어

아빠의 삶과 나의 삶이

비슷하게 느껴지거든

아빠도 그렇게 느끼지?

나는 내 이름이 이래서 그런지

소나무를 좋아해

아빠도 소나무 좋아하지?

난 그래서 숲을 좋아해

마음이 치유되고 안정되거든

숲에 가고 나무를 보면

아빠 생각이 많이 나

그리고 음악도 좋아해

아빠도 음악 좋아하지?

조증이 발병했을 때

'권나무'라는 가수의 노래를 많이 들었어

그 가수의 노래를 들으면

꼭 아빠 생각이 나더라고

아빠도 기회가 되면 꼭 들어 봐!

아빠가 좋아하는 것들만

가득 담아

나한테 줬나 봐

그래서 고마워

나는 나의

이런 감성이 좋거든

다 아빠 덕분이야!

아빠는 화가 날 때 어떻게 해?

좌절했을 때는 어떤 마음이 들었어?

포기하고 싶을 때는 어떻게 버텨 왔어?

두려움을 떨쳐내는 방법이 있어?

삶을 포기하고 싶었던 적이 있어?

나는 말이야

그럴 때면 말이야

항상 도망치려고 했어

그 순간을 놓아 버리려고 했어

너무 무서워서 피하고 싶었거든
그런데 이제는 피하지 않고

부딪혀 보려고

좀 더 힘을 내서 살아 보려고

그러니까 아빠도 힘내!

내가 전하고 싶은 말이 있어

우리는

우리는 너무 닮아 있어

그래서 아빠가 내 미래야

그러니 항상 건강하고

나한테 인생의 길을 알려줘

말은 안 했지만 항상 생각해
우리는 대화가 부족했을 뿐이야

앞으로는 이렇게

부끄럽지만 편지로

종종 내 마음을 전할게

아빠도

나한테 솔직한 마음 전해 주고

많이 표현해 줬으면 좋겠어

사랑해

많이

- 닮은 혜림이가

파도

"나는 너의 말에 위로받고 있고

너 또한 치유되길"

"거대한 파도 앞에서 살려고 헤엄치지 말고

그저 편안히 누워 있으면 살 수 있는 것처럼

파도가 널 삼키려고 할 때 몸에 힘을 빼고 편안하게 있어 보자! 걷기가 도움이 될 거야"

- 수민

소중한

인환, 명선, 혜리, 뿌꾸.

수민, 윤항, 수용, 미영, 민지, 정현, 희민, 승훈, 은영, 유린, 다솔, 연정, 성준, 미낭, 상진, 경진, 근창, 시호.

박세규 명리학 선생님, 강윤학 심리 상담 선생님, 오세현 의사 선생님.

항상 삶의 영감을 주고, 저를 살아가게 만드는 따스한 위로와 공감이 섞인 말들
그리고 울림을 주는 만남에 큰 감사를 전합니다.

глを 마치며

누구든 기본적인 조와 울은 가지고 있길 마련입니다. 저는 조울을 마치 사계절과 같이 일상에 존재하는 것이라고 생각해요.

감정의, 인생의, 롤러코스터를 타시는 분들
그동안 너무 외롭고 힘들지 않으셨나요? 저 역시 마찬가지고요.

우리, 앞으로, 인생이라는 롤러코스터를 탈 때 외롭다고 생각하거나, 무서워하지 말고 함께 즐겨 보기로 해요. 저는 놀이기구를 탈 때 무섭지만 재미있을 것 같아서 눈을 감고라도 꼭 타는데요.
시각적 무서움을 차단하고 즐기다 보면, 또 어느 순간에는 도착지에 도달하여 안정적으로 멈춰요. 그런 후 평온과 즐거움, 뿌듯함이 찾아오더라고요.

당신의 병들의 숨겨진 특별함을 알고, 그것을 부정하지 않고 인정하고 안고 살아가 봐요.
그러다 보면 더 이상 부끄럽거나 창피하거나 숨기고 싶은 병이 아니게 될 거예요. 자신의 흠이나 단점이 아닌, 모든 경

힘이 당신을 어둠 속에서 빛나게 해줄 거예요. 이제 그 어둠 속에서 툭툭 털고, 같이 발을 딛고 일어나 보아요.

만약 당신이 저와 같은 조울증 환우라면, 이 말을 가장 먼저 해주고 싶어요.

인생에서 혼자, 외로운 외줄타기를 하느라 그동안 고생 많았어요. 당신은 이제 혼자가 아니에요. 저와 함께, 우리 모두 함께, 튼튼한 안전장치를 하나씩 착용하고, 그 길을 천천히, 한 발자국씩 나아가 보아요.

떨어져도 괜찮아요, 거친 바람이 불어도 괜찮아요.
멀리 날아가지 않게 제가 꽉 잡을게요.

이 글을 읽어 주신 모든 분들에게.
매일이 두렵고, 외롭고 공허한 날들이 아닌
충만함과 행복함으로 가득한 날들만 계속되길 바랍니다.
당신은 혼자가 아니에요.

후회되는 저의 과거처럼,

깊은 어둠 속에 빠지지 않길 바라며.

당신의, 매일의, 찬란한 안녕을 기원하며.

- 2024년 11월 1일 송혜림